THÉORIE

DE

L'ART DE BOXER.

A. PIHAN DELAFOREST,
Imprimeur de Monsieur le Dauphin,
rue des Noyers, n° 37.

BOUQUET DE CINQ

D'APRÈS LE MODÈLE EN PLATRE APPARTENANT A SMEÉTON.

THÉORIE

DE

L'ART DE BOXER

Par Demandes et par Réponses.

PARIS,
AUDOT, LIBRAIRE-ÉDITEUR,
RUE DES MAÇONS-SORBONNE, N° 11.
1829.

THÉORIE

DE

L'ART DE BOXER.

Quelles sont les premières choses à apprendre dans l'art de Boxer?

Les positions et les attitudes.

Quelles sont ces positions et ces attitudes en avançant vers son adversaire?

Les voici :

Equilibrez votre corps en tenant vos hanches aussi ouvertes qu'il vous sera possible ; rapprochez les épaules ; aspirez une grande quantité d'air, de manière à remplir la cavité des poumons, afin de conserver une longue et facile respiration ; enfoncez le cou dans les épaules, et élevez les bras à la hauteur de la bouche en les tendant seulement des trois quarts de leur longueur. La bouche et les deux poings placés à une même hauteur doivent se trouver sur la même droite.

Quelles sont les positions d'équilibre ?

Appuyez sur la jambe gauche, ployez en même temps le genou, de manière à l'abaisser de deux pouces environ au-dessous de sa hauteur ordinaire, afin que le côté droit s'incline vers l'adversaire ; écartez le pied droit en dehors, jusqu'à ce qu'il se trouve dans la direction du coude droit. On doit tendre et roidir, par une forte action musculaire, la jambe, le genou et la cuisse du côté droit. Pour cela on appuie le talon avec force contre le sol, et retirant les doigts de pieds au-dessous de la plante en les serrant l'un contre l'autre, avec un certain degré de force, les muscles de la cuisse monteront à leur place propre, et les jarrets se trouveront équilibrés de manière à ce qu'on n'ait à redouter ni glissade, ni chute. _

Quelles sont les positions et les attitudes nécessaires avant l'attaque, en présence de l'adversaire ? -

Le corps et les membres doivent être placés avec attention de la manière décrite ci-dessus, et prêts à se diriger de la gauche à la droite. Puis il y a trois pas dans chaque mouvement : 1° l'enjambée; 2° la jetée; 3° la batterie.

Qu'est-ce que la première position que vous appelez l'enjambée?

L'enjambée est le mouvement progressif du pied droit suivant une ligne directe vers l'objet de l'attaque, ce qui se fait d'un pas ferme et pesant, et en frappant le pied fortement contre la terre, afin de roidir le genou par une grande fermeté de jarret.

Qu'est-ce que le deuxième temps du mouvement, ou la jetée?

La jetée se fait en avançant la jambe gauche d'environ un demi-mètre, pour placer le pied dans la direction de la position qu'il occupait d'abord, et par là gagner sur l'ennemi l'avantage du terrain, ce qui doit être exécuté par un mouvement très vif vers l'adversaire, le pas suivant devant être fait instantanément et avec toute l'agilité possible.

Dites-moi ce qu'on nomme la batterie?

La batterie est un mouvement vif par lequel on place le pied droit devant le pied gauche, qui demeure comme il était dans la seconde position. La distance du pied droit au pied gauche sera de vingt-deux pouces environ, le premier s'avançant dans une direction telle que le talon se trouve à vingt-deux pouces environ du pied gauche, suivant une droite perpendiculaire au milieu de ce pied. Cependant, dans une telle position, le pied droit ne doit se trouver que de onze pouces plus près que le gauche de l'objet d'attaque. Ainsi équilibré, le corps présentera une barrière solide.

Quelle est la méthode d'attaque la plus avantageuse?

Il faut, quand on attaque, ne donner que le moins de temps possible à l'adversaire pour se mettre en défense, puis viser et frapper avec prestesse autant que possible au-dessus de sa garde, afin d'atteindre aux *marques supérieures*.

Qu'entendez-vous par marques supérieures?

Ce sont les yeux, les tempes et les oreilles.

Comme votre antagoniste, en recevant le premier coup, sera bien aise de vous rendre la politesse, que devrez-vous faire pour lui en épargner la peine?

Rentrer dans l'enjambée, ou dans la jetée, aussitôt après avoir donné le premier coup, selon que vous voudrez vous mettre sur les courtes ou les longues gardes; mais ce mouvement doit s'opérer avant que l'adversaire soit préparé à porter son coup.

Le coup d'œil n'est-il pas une qualité très importante durant l'action?

Sans aucun doute, et l'on doit faire la plus grande attention à la direction de l'œil de l'antagoniste, c'est le moyen de préparer convenablement sa garde, et de déranger ses projets; de plus un regard ferme et résolu est une autre qualité importante et qui souvent déconcerte le plus brave. Les yeux ne doivent donc jamais se fermer pendant l'action. On a souvent eu l'occasion de reconnaître les avantages d'un coup d'œil vif dans un boxeur.

Est-il nécessaire de remarquer l'inclinaison de la tête de l'adversaire?

Certainement. Aussitôt que la tête s'incline dans une direction particulière; c'est que les yeux se fixent sur la marque, et l'on peut prévoir que le bras ne va point tarder à agir selon que l'inclinaison de la tête l'indique.

Faites connaître la manière de fermer le poing.

Il faut que les quatre doigts soient repliés avec force contre la main, et que le pouce, se rabattant par dessus les deux premiers vienne couvrir celui du milieu. Voyez, au surplus, le bouquet de cinq de M. Jakson, en tête de ce volume; cette figure en apprendra plus qu'un long discours sur cette partie importante de l'art de boxer.

Qu'est-ce que le revers?

Le revers est un coup donné sur la face avec le dos de la main.

Le revers est-il maintenant en usage?

Rarement; car peu de boxeurs l'approuvent. Broughton et Slack de la vieille école, et plus récemment Mendoza ont cependant employé ce coup avec avantage dans bien des occasions. Mais les plus habiles boxeurs de nos jours s'accordent à penser qu'en général on ne doit point compter sur des résultats efficaces. Le raisonnement vient à l'appui de cette opinion , puisque cette manière de frapper participe de *la volée*.

N'est-il pas de la première importance qu'un élève prenne de bonne heure une méthode de frapper convenable?

Sans aucun doute. Ce doit être sa première étude ; un homme se hasarde beaucoup s'il ignore les vrais principes du frapper; car il ne connaît pas la direction des coups contre lesquels il doit se garantir.

Quels sont les coups préférables ?

Les coups droits, parce qu'ils sont plus forts et qu'ils viennent plus directement du centre d'action. Ils sont aussi plus vifs, parce qu'ils demandent moins d'espace pour atteindre l'objet ; il s'ensuit donc qu'il est plus difficile de les parer que d'autres.

La volée est-elle en usage à présent?

Non. Elle est universellement rejetée; elle est condamnée par les raisons mêmes qui recommandent les coups droits, puisqu'elle leur est tout-à-fait contraire. Ainsi, frapper, soit qu'on le considère comme offensif ou défensif, soit qu'on donne un assaut ou qu'on attaque, est la base de l'art de boxer.

De quelle partie de la main se sert-on pour donner un coup?

On se sert des premières jointures, car il est rare qu'elles soient mises hors d'état de frapper; les jointures du milieu des doigts au contraire le sont très souvent.

Est-il nécessaire de changer d'attitude en assénant un coup?

Non; car le coup manquerait-il, les suites en sont peu redoutables, si l'on reprend de suite sa garde sans laisser aucun passage aux coups de l'adversaire; et c'est ce qu'il serait assez difficile d'exécuter si le poids et la force du corps étaient lancés en avant avec le coup. On ne doit donc jamais se laisser emporter que lorsqu'on est bien sûr que l'adversaire ne pourra se défendre.

Quels sont les coups les plus terribles?

Ceux frappés au-dessous des oreilles; entre les sourcils; sur le ventre; dans le le creux de l'estomac et sur le haut du nez.

Pourquoi les coups sous les oreilles sont-ils dangereux?

Parce que en cet endroit se trouvent deux gros vaisseaux, l'un qui conduit le sang du cœur à la tête, et l'autre par lequel il retourne de la tête au cœur. — Un coup porté sous l'oreille est donc un des plus dangereux qu'on puisse porter sur la tête, et particulièrement si le *bouquet de cinq* atteint l'angle formé par le cou et l'os de la mâchoire inférieure. — Ainsi, quand un homme reçoit un coup sur ces vaisseaux, le sang venant du cœur à la tête est en partie repoussé, tandis que de l'autre côté il est violemment refoulé vers la tête. Les choses se passent de même dans l'autre vaisseau. Une partie du sang est rejetée fortement dans le cœur, pendant que l'autre partie monte en bouillonnant à la tête; il en résulte une espèce de congestion cérébrale. L'adversaire, dans quelques cas, perd immédiatement connaissance, et souvent le sang sort par les oreilles, par le nez et par la bouche tout à la fois; poussé avec impétuosité dans les plus petits vaisseaux, trop faibles pour en contenir une si grande quantité à la fois, le sang les distend et les brise.

Sont-ce là les conséquences les plus dangereuses d'un coup sous l'oreille?

Non; car le cœur surchargé de sang, suspend son mouvement, pendant que la partie du sang qui vient de la tête est poussée violemment dans le ventricule droit, il en résulte une suffocation momentanée qui cesse au moment où l'action du coup venant à s'étendre, l'équilibre se rétablit dans toutes les parties.

Quels effets produit un coup dans l'estomac?

Un coup sur l'estomac a souvent les conséquences les plus funestes, le creux

de l'estomac et les poumons en sont af-
fectés : les vomissemens de sang en sont
presque toujours la suite, mais les affreux
effets qui en résultent sont trop connus
pour que nous nous y arrêtions. On
donne au coup sur l'estomac le nom de
coup de vent.

Comme il y a des boxeurs qui frappent
plus fort d'une main que de l'autre, comment en pareil cas devra-t-on se défendre ?

C'est une chance défavorable contre laquelle il faut se garantir aussitôt qu'on
la remarque ; pour cela on devra chercher à frapper, du poing gauche, dessous et dessus le bras de l'antagoniste,
entre le coude et l'épaule, ce qui affai-
blira considérablement sa défense princi-
pale et vous donnera un grand avantage
sur lui. On conçoit en effet que l'action
de pareils coups se fait sentir pendant
quelques temps, et qu'en les réitérant on
parvient à mettre ce membre à peu près
hors d'usage, pendant que votre bras
droit vous restera pour l'attaque ; si alors
vous pouvez parvenir à le frapper dans

les reins, vous aurez une grande chance de gagner la bataille.

Quels sont les effets des coups donnés entre les sourcils?

Ils contribuent beaucoup à la victoire, car cette partie étant heurtée entre deux corps durs, le poing et l'os du front, il s'ensuit une violente extravasion de sang qui retombe de suite dans les paupières qui ne tardent pas à enfler et obscurcissent la vue de votre homme de manière à le mettre souvent hors de combat.

La force et l'art sont-elles les seules qualités nécessaires pour faire un bon boxeur?

Non; quoique ce soit les deux principales qualités et qu'on ne puisse être un bon boxeur sans les posséder; il en est une autre très essentielle, c'est ce qu'on nomme le fond.

Qu'entendez-vous par ce mot?

A bien dire c'est la force de résistance et le pouvoir de supporter les coups, avec patience et résignation, sans colère aucune.

N'a-t-il pas existé plusieurs boxeurs très remarquables par leurs qualités?

Oui, à leur tête on peut placer le célèbre Buckhorse, il paraissait complètement insensible aux coups qu'il recevait: on dit que pour une très petite somme d'argent il se laissait frapper par les hommes les plus vigoureux, et cela jusqu'à être renversé.

L'école moderne offre encore plusieurs exemples de bons *fonds*; nous citerons entr'autres Cribb, Olivier, Painter, Curtis, Scroggins, etc.

Qu'est-ce qui constitue un bon fond?

Deux choses principales; du *vent* et du cœur, c'est-à-dire une longue haleine et de la fermeté. La fermeté ou le *cœur* est la première qualité requise; un bon vent peut s'acquérir par l'exercice, par la diète et l'étude de l'art de boxer.

Que nous dit Boxiana à l'égard du fond?

Que le fond est certainement très nécessaire à un boxeur. — Il ne pourra obtenir de supériorité sans cette qualité essentielle; l'impétuosité, quand elle pro-

2.

vient d'irritation, non-seulement empêche d'arriver au but qu'on se propose, mais produit des conséquences diamétralement opposées aux effets qu'on veut obtenir. Des spectateurs attentifs se convainquent bientôt de la faiblesse et de l'absurdité d'un homme qui se laisse emporter. — Le sang-froid devrait être un trait caractéristique du boxeur. — C'est alors que les avantages de la science se manifestent sur les impuissans efforts d'une aveugle et violente passion; c'est alors aussi que le courage vient seconder le jugement et fait qu'on resiste à la chaleur du combat sans perdre cette équanimité d'esprit, qui neuf fois sur dix vous livre la victoire.

Le courage n'est-il pas aussi une qualité essentielle dans un boxeur?

Sans doute, car sans lui l'art et la force seraient à peu près inutiles; mais il est des hommes qui ne peuvent se battre sans avoir ressenti vivement les coups de leur adversaire, ils ressemblent en cela à nos bull-dogs qui ne peuvent non plus se battre sans avoir été rossés préalablement.

Pourquoi les coups portés dans le creux de l'estomac sont-ils dangereux?

Le dégât causé par de tels coups est considérable, vu l'état convulsif dans lequel le diaphragme se trouve; les poumons se resserrent et sont privés d'une partie de leur liberté, ce qui gêne beaucoup la respiration.

Est-il d'usage de prendre son adversaire à bras-le-corps?

On a presque tout-à-fait abandonné cette méthode. Malgré cela, les boxeurs doivent se familiariser avec elle, afin d'être préparés dans le cas où cela arriverait. On la pratiquait beaucoup autrefois.

Pourquoi cette méthode a-t-elle été abandonnée, et pourquoi devez-vous éviter de l'employer?

Parce que si l'adversaire est trop fort pour que vous puissiez le saisir, vous vous exposez à tomber, ce qui rend même un bon boxeur souvent incapable de se battre. Il s'expose aussi tout au moins à se donner un effort dans les reins, qui le rend faible et lui ôte quelquefois ses forces; enfin, parce qu'après une chute il est presque toujours nécessaire de prendre du temps pour respirer ou reprendre haleine.

Comment faut-il faire pour éviter qu'on vous prenne à bras-le-corps?

Varier sa position, mais surtout faire attention de ne jamais rester sur la *jetée* (seconde position), car alors l'antagoniste vous prendrait de face ; cependant les jambes vous dirigeront suffisamment, puisque la droite doit toujours être devant la gauche pour vous protéger soit dans l'attaque, soit dans un engagement régulier.

N'est-il pas très nécessaire qu'un boxeur conserve tout son courage quand bien même les chances du combat seraient contre lui?

Oui, car s'il se laisse abattre il se trahit lui-même, et se rend bientôt coupable d'actions ou de sentimens indignes de lui; la peur, la honte, par exemple. D'après cela on doit juger combien il est urgent de conserver toute son énergie. Plusieurs batailles ont été perdues par des boxeurs qui croyaient avoir le dessous. D'ailleurs l'adversaire s'apercevant de votre abattement, redouble d'assurance et de courage.

Les feintes sont-elles beaucoup en usage à présent?

Pas autant qu'elles le méritent, à mon avis; elles sont très utiles, et sont les résultats de la science.

Puisque dans les armes elles sont si décisives, pourquoi ne s'en servirait-on pas avec un pareil succès dans l'art de boxer?

Quelques-uns disent qu'un boxeur doit toujours avoir les bras en mouvement, allant et venant. Ils donnent pour raison que l'action du poing peut empêcher d'apercevoir le coup qu'on prépare, mais cette raison n'est peut-être pas très juste; car n'est-il pas aussi facile d'apercevoir un coup porté avec agilité et violence que de le suivre dès son commencement? S'il en est ainsi, il s'ensuivra qu'il vaut mieux tenir les bras tranquilles, parce qu'un mouvement continuel, en faisant craindre un assaut à votre antagoniste, le mettra sans cesse sur ses gardes, tandis que votre fermeté le jetterait dans une trompeuse sécurité.

Qu'est-ce que le coup de pet-en-gueule?

Vous pouvez l'employer quand vous et votre adversaire approchez l'un de l'autre, de manière à mettre vos côtés droits en contact, ou seulement à côté l'un de l'autre; pour cela, vous saisissez votre homme un peu au-dessous de la ceinture de la culotte, avec la main droite, et de la main gauche vous saisissez son épaule droite, mouvement par lequel vous renversez votre ennemi en le faisant tomber la tête en bas par dessus la hanche droite, et une partie de votre derrière. Cette chute est la plus dangereuse de toutes.

La force d'un coup ne dépend-elle pas beaucoup de la fermeté avec laquelle le poing est fermé?

Sans doute; si un homme veut donner un coup bien appliqué, il faut qu'il ferme le poing de toute sa force; la puissance de son bras sera bien plus grande que s'il serrait mollement le poing, et la vitesse du coup s'en augmentera beaucoup. Les muscles qui ajoutent aussi à la force du bras en fermant le poing, sont les muscles fléchisseurs des doigts et ceux qui leur sont opposés sont les extenseurs, puisqu'ils servent à les ouvrir; cependant en faisant quelques grands efforts de vos mains, ces différens muscles servent à la même action. Ainsi en fermant le poing gauche et posant votre main droite sur ce bras, vous sentirez que tous ces muscles sont également gonflés. D'après cela on voit que les muscles, quoique destinés par la nature à des fonctions différentes dépendent l'un de l'autre dans de grands efforts.

Est-il très nécessaire pour devenir un bon boxeur de s'exercer dans l'art de boxer ?

Selon l'auteur du Boxiana, qui n'est pas une médiocre autorité, c'est une chose indispensable que l'exercice ou les boxes feintes ; sans doute ce n'est qu'une bataille simulée ; mais en même temps elle donne l'idée d'un combat réel.

La boxe feinte est la meilleure introduction possible à l'art de boxer. L'écolier peut, en s'exerçant, mettre en pratique les principes qu'il aura reçus, et de plus faire l'essai des nouveaux coups qu'il aurait inventés. Par cette seule méthode, il pourra juger de l'application des leçons de son maître, et exercer ses facultés inventives ; avantage dont il est souvent privé au jour du combat.

N'y a-t-il pas des amateurs qui ont pour opinion qu'il n'est pas très utile de s'exercer, et que la boxe feinte n'est pas digne d'eux.

Ils prétendent que la boxe feinte fait perdre de la force naturelle de l'homme, tandis qu'elle n'enseigne que des finesses qui ne peuvent être bien dangereuses pour un adversaire courageux. Cette opinion cependant n'est soutenue que par la vieille école, dans laquelle la force prévalait toujours sur la science. Cependant il est évident qu'il est nécessaire de se préparer pour quelque exercice que ce soit, et plus particulièrement encore pour ceux dans lesquels les exerçans sont hostiles l'un à l'autre. Or, qu'est-ce que la boxe feinte sinon un exercice préparatoire à un combat réel, et qui a la plus grande affinité avec ce combat? Les défenseurs de cette opinion ne pourraient-ils pas dire avec autant de justice, que de tirer à un but n'est pas utile pour former un habile tireur.

Doit-on, dans la boxe feinte, prendre des attitudes ou faire des manœuvres qui ne sont pas nécessaires dans une bataille sérieuse?

Non; supposez que la chambre à exercice soit la scène du combat, et agissez d'après cette idée; vous vous habituerez bientôt à donner à vos forces toute leur puissance et à conserver les mêmes principes à l'heure du danger.

Ne pourrait-on opposer à nos doctrines qu'elles favorisent la poltronnerie?

Non; jamais la poltronnerie ne peut provenir de l'exercice dans l'art de boxer; car un poltron le serait autant et davantage s'il n'avait dans cet art aucune connaissance. Si l'on met en face l'un de l'autre deux hommes qui posséderaient également le courage, la force et l'activité, celui qui s'exerce journellement sera, sans aucun doute, supérieur à celui qui ne le fera jamais; comme celui qui étudie son rôle avant d'entrer en scène, aura l'avantage sur celui qui aura regardé toute étude comme inutile.

Quoique le moulinet (milling) dans la retraite soit condamné par plusieurs professeurs, n'est-il pas encore beaucoup en usage? ou bien est-il permis de rétrograder en tournant sur soi-même, de manière à présenter le dos à son adversaire pendant la retraite?

L'activité est la qualité la plus essentielle pour faire le moulinet dans la retraite, sans elle on ne sera jamais habile dans cette utile manœuvre. Elle est maintenant plus en usage qu'autrefois; quelques-uns disent que c'est une évasion qui n'est pas digne d'un homme; mais c'est sans aucune raison, à moins qu'on admette que la force animale seule doive décider le combat; la pensée a une si grande part dans cette décision, qu'on ne peut dire que se retourner soit indigne d'un homme.

Richmond-le-Noir montrait par lui-même, dans toutes ses batailles, l'avantage qu'il y avait de faire le moulinet dans la retraite pour obtenir la victoire. Jamais avant lui on n'avait montré dans tout son jour l'importance de cette utile manœuvre.

Pourquoi doit-on suivre les mêmes règles dans la boxe feinte que dans le combat réel?

Parce qu'une conduite systématique prévaudra toujours sur une conduite irrégulière, quand c'est la chance seule qui décide. Ainsi les règles du combat réel sont et doivent être celles de la boxe feinte.

Est-il possible de donner à des écoliers une règle positive à suivre?

Non; il n'est pas plus possible de donner une seule manière de se défendre, qu'il n'est possible à un médecin de prescrire un seul remède pour toutes les constitutions. Chaque homme doit adopter un plan de défense en rapport avec ses forces, qu'il doit connaître mieux que personne après s'être essayé quelquefois.

Mais lorsqu'après une mûre délibération, après une certaine expérience, il a fixé son choix, il ne doit pas aisément l'abandonner.

Le seul but qu'il doit se proposer est de se perfectionner dans cette méthode; car en cherchant continuellement de nouvelles positions, il ne peut suivre aucune règle, et il sera souvent forcé de laisser le combat à la fortune. La victoire que remporta Humphreys sur Mendoza à Odiham, est une forte preuve de la justesse de cette remarque.

L'art de boxer est-il en usage dans les pays étrangers? N'est-ce pas en Angleterre seulement qu'on a recours à la boxe pour terminer les querelles?

L'art de boxer appartient à l'Angleterre seule, où les effets de ces combats courageux ont été reconnus. En Hollande, le long couteau vient trop souvent mettre fin aux disputes. En France, ce sont l'épée et le pistolet. Et ainsi qu'en Alle-

magne ils ne craignent pas d'employer
les pierres, les bâtons, etc., pour assou-
vir leur vengeance. En Italie, on cher-
cherait presque en vain une personne
qui ne portât pas un stilet sur elle; mais
en Angleterre le POING seul, le poing viril est en usage; c'est une arme que la
malice ne saurait empoisonner; avec cette
arme les Anglais ne peuvent être portés
à commettre des actions barbares que
leur cœur détestent. Les spectateurs for-
ment cercle autour des combattans, et
ne souffrent pas qu'un des deux obtienne
l'avantage par des voies injustes.

Après la bataille ils se donnent la main
en signe de paix; le ressentiment s'éva-
nouit, et la cause de la querelle se perd
dans l'oubli.

Cette conduite généreuse vient-elle de
quelque principe donné par l'éducation?

Non. Ce principe est général; cette
noble impulsion du moment qui échauffe
l'ame est commune aux plus ignorans et
aux gens du rang le plus inférieur. Les
étrangers peuvent tourner en ridicule nos
coutumes rudes et nos manières barbares;

mais nous espérons que les Anglais n'abandonneront jamais un système si glorieux pour vider leurs querelles, et qu'ils laisseront les étrangers jouir entre eux de leur *politesse* et de leurs *assassinats*.

Vous dites que l'art de boxer est en usage en Angleterre seulement, dites-moi s'il a pris naissance dans la Grande-Bretagne ?

Des écrivains ont essayé de prouver que cet art n'avait pas pris naissance dans la Grande-Bretagne ; mais si nous fouillons les annales des temps les plus reculés de notre histoire, nous verrons que l'art de boxer et les combats à coups de poing étaient les jeux principaux de nos premiers pères. Dans le temps de notre immortel Alfred, ces jeux étaient fort en usage, cet homme aussi bon que grand reconnaissait la politique et l'utilité qu'il y avait à encourager cet exercice vraiment viril. Les Romains nous imitèrent, car dans le cirque, à Rome, ils avaient des luttes à coups de poing ; mais les combattans différaient de nous en ce qu'ils se

servaient des *chirothecæ*, ou gants four-
rés couverts de fer ou de plomb.

De nos jours, l'art de boxer n'est-il
pas condamné par quelques gens qui le
regardent comme brutal, féroce et peu
gracieux?

Oui, par quelques puritains qui, dans
ce siècle de lumière et de politesse (comme
ils l'appellent), disent que c'est un usage
vil qui dégrade le pays; mais nous avons
à opposer à ces argumens l'opinion de
plusieurs des plus grands hommes que
l'Angleterre ait produits, qui les ont ré-
futés avec tant de bon sens que les plus
délicats et les moins portés pour cet art
doivent être convaincus de son utilité
nationale. Le grand Milton (ou, comme
le lord-chancelier le nomme, notre glorieux Milton), dans son *Traité sur l'éducation*, recommande aux garçons de
boxer, non-seulement comme un exercice utile à la santé, mais comme une
science dont ils pourront retirer de grands
avantages dans le cours de la vie. Feu
M. Windham, homme d'état et orateur

célèbre, exprima son opinion de la manière suivante :

« Quel combat que celui entre Maddox et Richmond ! Pourquoi vantons-nous tant la valeur que nos troupes ont montrée à Talavera, à Vimiera et à Maida ? Pourquoi décourager des coutumes et des pratiques qui tendent à soutenir ces mêmes sentimens ? Les sentimens qui remplissaient l'esprit des trois cents spectateurs qui assistaient au combat des deux boxeurs étaient de la même nature que ceux qu'inspiraient les combattans sur ces champs de gloire et d'honneur mentionnés ci-dessus. Les circonstances dans lesquelles ils se trouvent font seules la différence qu'il y a entre eux. Il n'y a pas de sens dans la réponse toujours faite à ceci : « Les boxeurs seuls sont donc braves ? » La bravoure se trouve dans toutes les classes, dans toutes les circonstances, dans toutes les conditions ; mais les habitudes et les institutions d'un genre particulier ne tendent-elles pas plus que d'autres à donner la bravoure ? Des personnes d'habitudes toutes opposées vivent autant l'une que l'autre; mais n'y a-t-il pas de certaines habitudes plus favorables les unes que les autres à la longévité? Le courage, sans doute, ne vient point seulement de ce qu'on se sera boxé, de ce qu'on aura reçu des coups et qu'on en aura donné; mais il provient du sentiment qu'excite la pratique et la réflexion qu'on porte à cet art. Le peuple ne se ressentira-t-il pas de la nature de ses amusemens? n'y aura-t-il aucune différence, sous le rapport du courage, entre le peuple pacifique et efféminé, ou entre celui dont les habitudes entretiennent la hardiesse et la force? »

Vers quelle époque s'introduisit en Angleterre la coutume des luttes ou boxes publiques?

La plus ancienne boxe publique eut lieu au théâtre royal Dorset, Street, Salisbury, Square, dans l'année 1698.

C'est la plus reculée qu'on connaisse.

Combien y a-t-il d'années que l'art de boxer a été patronisé comme un jeu national?

Cent ans, à peu près; mais il n'y a que soixante ans qu'il l'est d'une manière particulière.

Quels furent les premiers boxeurs célèbres?

Fig, Slack et Broughton.

A quelle époque vivaient-ils?

Fig, natif d'Oxfordshire, était dans toute sa force de 1719 à 1740, époque de sa mort. Jack Slack, le noble adversaire de Broughton, depuis 1750 jusqu'à 1760, et le puissant Broughton, depuis 1743 jusqu'à 1789.

Quels sont les boxeurs célèbres qui ont existé depuis le champion Broughton?

Il y en a un grand nombre, parmi lesquels nous citerons Johnson, Bigben, Jem Belcher, Crib, Gregson, Gulley, Hooper, Molineux, Richmond, Pearce, Carter, Martin, Rondall, etc., etc.

N'avons-nous pas eu aussi des femmes habiles dans l'art de boxer?

Oui; en 1722, Elisabeth Wilkinson de Clerkenwell défia Hannah Hyfield du marché de Newgate, de boxer avec elle pour trois guinées, chacune d'elles tenant dans sa main un écu; celle qui le laissa tomber la première était censée, d'après leur convention, renoncer à prolonger le combat.

N'est-il pas très nécessaire de se soigner particulièrement avant le combat?

Sans doute, il faut le faire pendant les dix ou quinze jours précédens.

Quel est le régime et quels sont les exercices les plus propres à mettre le boxeur en état?

On doit commencer à se préparer en se baignant le soir dans l'eau chaude les pieds, les jambes et le commencement des cuisses; après être refroidi entièrement, on doit se laver, avec de l'eau froide, les reins, le visage, les bras et les mains, sans se servir de savon; ceci fait, il faut se coucher de bonne heure, se contentant, pour souper, de lait caillé ou d'un potage au lait, ne mangeant que très peu de pain, de beurre et de sel; on peut prendre de temps en temps, une demi-pinte de vin de Bordeaux avec des épices et beaucoup de sucre blanc.

Quel doit être le régime du matin?

La boisson du matin doit être, tout le temps de la préparation, du petit lait, du lait caillé qu'on prendra avec des biscuits de mer sans épices.

Comment dînera-t-on?

On dînera alternativement avec du veau bouilli, avec du riz et de bons poulets, des gelées de viandes.

Doit-on prendre du thé?

Non; on ne doit pas faire usage du thé dans l'après-midi, on le remplacera par du chocolat qu'on prendra avec une tranche de pain grillé, et l'on soupera ensuite comme nous l'avons dit ci-dessus.

Quelle est la boisson qu'on doit préférer?

L'homme qui se préparera ne boira que de l'eau rougie. Il ne prendra jamais de porter, de petite bière, d'ale ni de liqueurs spiritueuses, et après son dîner il ne boira que deux petits verres de vin pur. Avant dîner il pourra en boire une demi-bouteille ou même une bouteille, sans se faire mal, pourvu toutefois qu'il ait pris avant un verre ou deux de forte gelée de viande ; il mangera avec son vin une croûte de pain bien grillé. Avec ces précautions, il n'aura à craindre aucun mauvais effet.

Quels alimens devra-t-il éviter ?

Il doit se priver de sel et de jus acides ; s'il a l'habitude du surcre blanc, il pourra continuer à en prendre ; il ne doit ni prendre de médecine ni se faire saigner car il s'affaiblirait considérablement.

Quelles sont les heures propices au repos et à la récréation.

On doit se coucher à neuf heures du soir exactement, et se lever à cinq heures ; déjeûner à sept, prendre une croûte de pain grillé avec du vin, à onze heures ; dîner à une heure ; prendre du chocolat à quatre ; souper à sept ; et depuis ce temps jusqu'à l'heure du coucher, on doit, s'il est possible, chercher les occasions d'entendre de la musique militaire, ce qui tendra à éveiller le courage, et entretiendra la vivacité et la tranquillité des idées ; car l'esprit ne doit être ni froissé ni agité, aucune sensation pénible ne doit venir s'emparer des facultés : tout le système doit être conduit avec harmonie et avec gaîté.

Le matin, en se levant, on prendra une petite croûte de pain, et l'on fera une promenade, avant le déjeûner, qui n'excèdera pas un mille. On reviendra doucement pour ne pas échauffer le corps ; et pour le conserver dans la fraîcheur, on se couvrira peu la nuit.

Le régime doit-il changer le jour du combat?

Le matin du jour du combat, il ne faudra manger qu'une tranche de pain grillé avec du beurre ou un biscuit de mer, et boire à peu près une demi-bouteille du meilleur vin rouge, chauffé avec des épices et du sucre, dans lequel on versera une cuillerée d'eau-de-vie. On prendra ce mélange une heure avant de se lever.

Arrivé sur le lieu du combat, sera-t-il nécessaire de boire quelque chose?

Il sera utile de prendre la boisson suivante : du genièvre, dans lequel on exprimera du jus de bonnes oranges de Portugal, le tout mêlé avec du sucre blanc, au goût de celui qui doit le boire.

La méthode employée par Crib pour se préparer au combat qu'il eut à soutenir contre Molineux, le 29 septembre 1811, n'est-elle pas très estimée dans certains cas ? Faites-la connaître.

Oui, elle est fort estimée, et c'est le capitaine Barclay qui la lui suggéra. Lors de l'arrivée de Crib en Ecosse, il pesait 224 livres ; sa manière de vivre à Londres l'avait fait devenir extrêmement puissant, plein d'humeur, et sa respiration était si gênée qu'il pouvait à peine faire trois lieues à pied. Il commença un régime régulier ; il prit trois médecines pendant quinze jours, il se promena dans les bois emportant toujours avec lui une arme pour la chasse.

Après avoir ainsi passé quinze jours, il commença un cours régulier d'exercice ; il faisait d'abord dix ou douze milles par jour. On fit bientôt aller cet exercice jusqu'à dix-huit et vingt milles, et il faisait tous les matins et tous les soirs un quart de mille en courant. Les médecines et cet exercice le firent, en six semaines, diminuer de poids, et de 224

livres qu'il pesait, en arrivant il n'en pesait que 205.

Il commença alors à se faire suer pendant le mois qu'il resta à Ury, son poids se
réduisit peu à peu à 187 livres. Il jugea à
propos de ne pas chercher à le diminuer
davantage dans la crainte de s'affaiblir.
Pendant tout le cours de sa préparation,
notre champion alla deux fois dans les
montagnes du pays où il se trouvait ; là,
il prit beaucoup d'exercice.

Il alla à pied à Man Lodge (qui est à
près à 60 milles de Ury). Il y arriva pour
dîner le second jour, il pouvait alors faire
sans se gêner 30 milles par jour. Il resta
dans les montagnes une semaine chaque
fois. Le grand avantage qu'il retira de ces
expéditions était dû à l'exercice violent
qu'il était obligé de prendre pour suivre le
capitaine Barclay. Ses forces physiques et
sa respiration augmentèrent plus pendant
ses voyages dans les hautes terres que pendant tout autre temps. Sa nourriture
était celle qu'on prescrit aux hommes qui
font de grands voyages à pied, et d'ailleurs
il suivait les règles dont nous avons déjà

parlé. Il était évident, d'après la santé dont il jouissait alors, qu'il était arrivé au plus haut degré de force. Quand il parut en lice le jour du combat, Molineux qui l'attendait avoua qu'en l'apercevant il perdit tout espoir de remporter la victoire. Crib employa onze semaines à se préparer, mais il n'en resta que neuf à Ury. Outre ses exercices réguliers, il s'exerçait encore à enseigner son art à Stonehaven. On lui recommandait une vie active et très peu de repos. Il était toujours gai et content, car il avait confiance en ses forces, et pensait toujours qu'il vaincrait son antagoniste.

En cas de mort dans un combat de boxeurs, les témoins comme les combattans sont-ils punis par la loi?

Oui; au jugement de William Francklin, assises de Berkshire 1822, le juge déclara que toutes personnes servant de témoins dans un combat de boxeurs, seraient (en cas de mort) déportées pour la vie.

L'art de boxer ne fait-il point quelques progrès dans les pays étrangers.

Oui; on l'a beaucoup encouragé à Paris, depuis que quelques-uns de nos professeurs ont donné des combats publics; et le sergent Rees raconte dans ses voyages, que pendant son séjour à Shiraz, en 1821, il assistait tous les matins à une joute de boxeurs, où avant chaque bataille un prêtre disait une prière!

FIN.

Ouvrages nouveaux.

ENCYCLOPÉDIE POPULAIRE,

OU

LES SCIENCES, LES ARTS ET LES MÉTIERS

MIS A LA PORTÉE DE TOUTES LES CLASSES.

UN FRANC LE VOLUME,

vingt centimes de plus, franc de port, par la poste.

Les Traités se vendront séparément.

Une grande partie de ces Traités ne formeront qu'un volume; mais lorsque l'importance de la matière l'exigera, plusieurs livraisons y seront consacrées.

Chaque volume contiendra 2 feuilles et demie environ d'impression, et 2 planches gravées, du format in-18, ou une de grandeur double. Quand un Traité nécessitera un grand nombre de planches, on établira une compensation telle, qu'une planche in-18 remplacera 6 pages de texte.

Les planches coloriées auront un prix relatif à l'importance du travail.

OUVRAGES EN VENTE.

Discours sur le but, les avantages et les plaisirs de la science; par M. Brougham, président de la Société pour la propagation des connaissances utiles, traduit de l'anglais par N. Boquillon; 1 vol., 1 fr.

Traité d'Hydrostatique, ou de l'Équilibre des liquides, trad. par le même; 1 vol. avec 2 grandes planches gravées, 1 fr.

Action de l'eau sous le rapport de la pression qu'elle exerce, et ressources qu'offre cette pression dans l'emploi d'agens mécaniques adaptés aux usines; théorie des pesanteurs spécifiques, son application spéciale à la découverte des falsifications des liquides, etc., etc.

Traité d'Hydraulique, ou du Mouvement et de la force des liquides, trad. par le même; 1 vol., 5 grandes planches, 1 fr.

Moyens d'élever et de conduire les eaux; théorie des pompes, des roues hydrauliques, etc.

Traité de Pneumatique, ou des Propriétés de l'air et des gaz, trad. par le même; 2 vol., 4 grandes planches, 2 fr.

Action mécanique de l'air; phénomènes qui accompagnent sa pression ou l'absence de cette pression. Moyens d'utiliser ces propriétés : complément de la théorie des pompes, etc.

Traité du calorique, ou de la nature, des causes et de l'action de la chaleur ; traduit de l'anglais, revu par M. Desmarest; 5 vol. in-18, 2 gr. pl. grav., 5 fr.

La théorie de la chaleur est de la plus grande importance, surtout dans les arts où l'on n'emploie pas impunément cet agent puissant quand on ne connaît pas son mode d'action. La connaissance de ses phénomènes est indispensable dans toutes les classes de la société.

La machine à vapeur, leçons familières sur sa construction et la manière de la faire fonctionner, précédées d'un précis historique sur son invention et ses améliorations successives; par Dionysius Lardner, professeur de physique et d'astronomie à l'université de Londres, etc., etc. ; traduit par M. E. Pelouze, auteur du *Maître de forges*; 4 vol. in-18 ornés de 12 gr. planch. gravées, 4 fr.

Géométrie de l'ouvrier, ou Application de la règle, de l'équerre et du compas à la solution des problèmes de la géométrie; par E. Martin, professeur de sciences physiques; 1 vol. in-18, pl. grav. 1 fr.

Traité de mécanique pratique, traduit de l'anglais par N. Boquillon; 7 vol. avec 14 gr. planch. gravées, 7 fr.

Cet ouvrage, destiné à rendre les principes de la mécanique tout-à-fait populaires, est indispensable à tous ceux qui veulent construire des machines, comme à tous ceux qui en ont la direction ou la surveillance.

Le toisé des bâtimens, ou l'Art de se rendre compte et de

mettre à prix toute espèce de travaux. Ouvrage indispensable aux architectes, constructeurs et propriétaires ; par L.-T. Pernot, architecte, expert près les tribunaux :

1re partie, *Maçonnerie*, 1 vol., fig., 1 fr.

2e partie, *Charpente*, 1 vol., 1 fr.

3e partie, *Serrurerie*, 1 vol., 1 fr.

4e partie, *Couverture et Carrelage*, 1 vol., 1 fr.

5e partie, *Menuiserie*, 2 vol., 2 fr.

Les volumes suivans seront mis en vente successivement : *Marbrerie*, 1 vol. ; *Peinture, Dorure, Tenture et Vitrerie*, 1 vol. ; *Plomberie et Fontainerie*, 1 vol. ; *Terrasse, Pavage, Vidange de fosses*, 1 vol.

Art de fabriquer en pierre factice, très dure, et susceptible de recevoir le poli, des bassins, conduites d'eau, dalles, enduits pour les murs humides, caisses d'orangers, tables à compartimens, mosaïques, etc. ; de jeter en moules des vases, colonnes, statues et autres objets d'utilité et d'ornement ; par M. E. Pelouze, auteur du *Maître de forges* ; 1 vol., grande planche, 1 fr.

Le Fumiste, art de construire les cheminées, de corriger les anciennes, et de se garantir de la fumée ; par M. E. Pelouze ; 1 vol., 2 grandes planches, 1 fr.

Art du chauffage domestique et de la cuisson économique des alimens ; par M. E. Pelouze ; 1 vol., 2 gr. planches, 1 fr.

Art de construire les fourneaux d'usines de la manière la plus économique et la plus avantageuse pour l'emploi des combustibles ; par M. E. Pelouze ; 2 vol., 4 planches gr., 2 fr.

Art de prévenir et d'arrêter les incendies, par M. ***, revu et augmenté par M. Éverat, ex-officier de sapeurs-pompiers ; 1 vol., grande planche gravée, 1 fr.

Art du menuisier en bâtimens et en meubles, suivi de l'*Art de l'ébéniste*. Ouvrage contenant des élémens de géométrie descriptive appliquée au trait du menuisier, de nombreux modèles d'escaliers, l'exposé de tout ce qui a été récemment inventé pour rendre l'outillage parfait, des notions fort étendues sur les bois, sur la manière de les colorer, de les polir, de les vernir, et sur leur placage. 3e édition, entièrement refondue et considérablement augmentée, par M. A. Paulin Desormeaux, auteur de l'*Art du tourneur*. 20 livraisons à 1 fr.

70 planches, grand format, ornent cet ouvrage.

Art de fabriquer les couleurs et vernis, de préparer les huiles, etc., pour tous les genres de peinture; 2 vol., 1 gr. planche gravée, 2 fr.

Art de la peinture en bâtimens, et des décors, y compris le badigeon et la tenture des papiers, à l'usage des ouvriers et des propriétaires; par Doublette-Desbois, peintre-vitrier; 2 vol., 2 gr. planch. gravées, 2 fr.

Art du vitrier, par le même; 1 vol., pl. gr., 1 fr.

Art de l'ornemaniste, du stucateur, du carreleur en pavés de mosaïque et du décorateur en divers genres, par M***; 1 vol., 2 planch. grav., 1 fr.

Chimie du teinturier, par E. Martin, ancien professeur de sciences physiques, directeur de teintureries à Louviers et à Elbeuf; 1 vol., 1 fr.

Art de la teinture des laines, par le même; 1 vol., 1 fr.

Art de la teinture de la soie, du coton, du lin et des toiles imprimées; par le même, 1 vol., 1 fr.

Art de dégraisser et de remettre à neuf les tissus, par le même, 1 vol., 1 fr.

Art de fabriquer les savons, mis à la portée des ménages; par M. Dussart, 1 vol., 1 fr.

Manuel du marchand papetier dans la préparation des plumes à écrire, des encres noires, de couleur, de la Chine, de celle propre à marquer le linge, etc.; des cires et pains à cacheter, des colles à bouche et autres; des crayons, de la sandaraque, des sables de couleur, du papier-glace et des différens papiers à calquer; des papiers glacé, huilé, à dérouiller, etc., etc.; suivi d'un tableau de tous les formats de papier avec leurs mesures; 2 vol., 2 fr.

Art de la réglure des registres et papiers de musique. Méthode simple et facile pour apprendre à régler, contenant la fabrication et le montage des outils fixes et mobiles, la préparation des encres et différens modèles de réglures; suivi de l'*Art de relier les registres.* Ouvrage utile aux papetiers, imprimeurs, relieurs, etc.; par Méguin, régleur et typographe; 2 vol., fig., 2 fr.

Récréations tirées de *l'art de la vitrification.* Moyens curieux, simples et peu coûteux d'exécuter sur verre des peintures, dorures, jaspures, herborisations, gravures, etc.; de composer des colliers filigranes, plumets, empreintes, pierres gravées, faux camées, perles, verres colorés de tous genres, émaux, petites figures, yeux en émail pour les animaux conservés, incrustations, etc., etc., recueillis par M. E. Pelouze, ancien officier de la manufacture des glaces de Saint-Gobin; 2 vol. avec 3 gr. planch., dont une coloriée, 2 fr. 50 cent.

Méthode certaine et simplifiée de soigner les abeilles pour les conserver et en tirer un bénéfice assuré; par M. Féburier, de la Soc. d'agric. de Seine-et-Oise, etc.; 1 vol., fig., 1 fr.

Histoire naturelle des abeilles, suivie de la manipulation et de l'emploi de la cire et du miel, pour servir de complément à la *Méthode de soigner les abeilles*; par le même, 1 vol., 1 fr.

Manuel pour l'éducation des vers à soie et la culture du mûrier, et moyens de les acclimater dans les différentes contrées de l'Europe; par J.-M. Rédarès, du Gard, 2 vol., fig., 2 fr.

Pharmacie domestique, contenant la préparation des médicamens et l'indication des premiers secours à donner aux malades, à l'usage des personnes bienfaisantes; 2 vol., 2 fr.

Notions élémentaires de perspective linéaire, et Théorie des ombres; par M. Richard, 1 vol., fig., 1 fr.

LE GUIDE DE LA MENAGERE.

Sous ce titre sera publiée une collection d'ouvrages utiles qui accompagneront l'*Encyclopédie populaire.*

En vente.

Choix des alimens, leurs qualités, leurs effets, l'usage que l'on en doit faire selon l'âge, le sexe, le tempérament, la profession, les saisons, les climats, les habitudes, les maladies, etc.; par M. A. Gautier, docteur en médecine, 1 vol., 2 fr.

Art de la conservation des substances alimentaires, 1 vol., 1 fr.

La Laiterie. Art de traiter le laitage, le beurre, les fromages; 1 vol., 1 fr.

La Cuisinière des petits ménages, 1 vol., 1 fr.

Art du blanchissage domestique d'après les procédés anglais et français, comprenant le travail de la blanchisseuse en fin, les savonnages simples, la mise au bleu, l'empesage, le repassage, le pressage et le calandrage du linge, le

*

nettoyage et la remise à neuf des dentelles, blondes, tulles, gazes et bas de soie; par madame Pelouze; 1 vol., 2 gr. planches gravées , 1 fr.

LE GUIDE DES DAMES ET DES DEMOISELLES.
Autre collection.

En vente.

Art de la couturière en robes, par madame Burtel, 1 vol. in-18, fig., 1 fr.

Art de faire les corsets, les guètres et les gants; par la même, 1 vol., fig. , 1 fr.

AUTRES OUVRAGES NOUVEAUX.

Art de construire en cartonnage toutes sortes d'ouvrages d'utilité et d'agrément; 8 planches gravées; 1 vol. in-18, 2 fr., port 25 cent.

Art de fabriquer toutes sortes d'ouvrages en papier, pour l'instruction et l'amusement des jeunes gens des deux sexes; 22 planches gravées; 1 vol. in-18, 2 fr. 50 cent., port 50 c.

Gymnastique des jeunes gens, ou Traité des exercices propres à fortifier le corps, entretenir la santé et préparer un bon tempérament; 1 vol. in-18 orné de 33 planches, 2 fr. 50 c.

Calisthénie, ou *Gymnastique des jeunes filles*. Traité des exercices propres à fortifier le corps, entretenir la santé et préparer un bon tempérament; 1 vol. in-18 orné de 25 planches gravées, 2 fr. 50 cent., port 50 cent.

Chimie récréative, par M. Desmarest, professeur de chimie et de physique, 1 vol. in-8º.

Art de peindre à l'aquarelle, enseigné en 28 leçons, trad. de l'anglais de Thomas Smith, et orné de 19 grav. coloriées; 1 vol. in-4º, format d'album, 15 fr.

Principes de miniature, Méthode pour les personnes qui veulent peindre seules, par madame Castal-Laederich, élève de M. Augustin, peintre du Roi, 1 vol. in-8º, fig. color.

Musée de peinture et de sculpture, ou Recueil des principaux tableaux, statues et bas-reliefs des collections publiques et particulières de l'Europe, dessiné et gravé à l'eau-forte par Reveil; avec des notices descriptives, critiques et historiques, par Duchesne aîné. 1 fr. la livraison de 6 planches et

6 feuillets de texte en français et en anglais, sur format petit in-8°. Une livraison est mise en vente tous les dix jours, depuis le 1er janvier 1828.

Cet ouvrage est gravé avec un soin extrême et d'après des dessins qui rendent le trait et le caractère des originaux avec la plus grande fidélité.

Faust, 26 jolies gravures d'après les dessins de Retzsch, 2e édition, augmentée d'une analyse du drame de Goëthe; par madame Élise Voïart, auteur des *Six Amours*, 1 vol. in-16, 2 fr. 50 c. L'analyse séparément 50 c.

Galerie de Shakspeare, dessins pour ses œuvres dramatiques, gravés à l'eau-forte d'après Retzsch, 1re série, *Hamlet*, 17 dessins, 2 fr.

La publication d'*Hamlet* sera suivie de celles de *Macbeth*, *Le Roi Lear*, *Othello*, *Romeo et Juliette*, et des autres ouvrages dramatiques de l'Eschyle anglais. Un texte donnera l'explication des planches. Chaque série contiendra les dessins d'une des pièces de Shakspeare, et se vendra séparément.

Le talent de M. Retzsch, professeur à l'académie de peinture à Dresde, est déjà connu par les dessins pleins d'expression qu'il a faits pour les œuvres de Goëthe et de Schiller. Son *Faust* lui a valu une réputation européenne.

Fridolin, 8 dessins de Retzsch, avec une traduction littérale, et vers par vers, de la ballade de Schiller intitulée *Fridolin oder der gang nach dem eisenhammer*; par madame Elise Voïart, 1 vol. in-16, pap. vélin, 2 fr.

Le Dragon de l'île de Rhodes, 16 dessins de Retzsch, avec une traduction littérale, et vers par vers, de la ballade de Schiller intitulée *Der kampf mit der drachen*, par madame Elise Voïart, 1 vol. in-16, pap. vélin, 2 fr.

Ces jolis volumes réunissent la grâce du dessin, la perfection de la gravure; et, comme le Musée du même éditeur, le prix extrêmement modique.

Manuel de numismatique, ou Connaissance des médailles. Méthode simplifiée pour étudier, reconnaître, classer les médailles et apprécier leur valeur; par M. Dumersan, du cabinet des médailles et antiques de la Bibliothèque du Roi. Cet ouvrage formera plusieurs volumes, qui vont paraître successivement.

PETITE BIBLIOTHEQUE UTILE
ET AMUSANTE.

Sous ce titre sera publiée une série d'ouvrages.

En vente.

Bréviaire du gastronome, ou l'Art d'ordonner le dîner de chaque jour, suivant les différentes saisons de l'année, avec figures coloriées dessinées par M. Henri Monnier; 2e édit. augmentée de plusieurs menus, 1 vol. in-18, 2 fr.

Manuel de l'amateur d'Huîtres, contenant l'histoire naturelle de l'huître, une notice sur la pêche, le parcage et le commerce de ce mollusque, et des dissertations hygiéniques et gourmandes sur l'huître considérée comme aliment, avec figures coloriées dessinées par M. Henri Monnier; 1 vol. in-18, 2 fr., port 25 cent.

Manuel de l'amateur de Café, ou l'Art de prendre toujours de bon café, dédié aux gourmets et aux bonnes ménagères, avec fig. par le même artiste; 1 vol., 2 fr., port 25 cent.

Manuel du marié, ou Guide à la mairie, à l'église, au festin, au bal, etc., etc., précédé d'une Histoire du mariage chez les peuples anciens et modernes; publié par Alexandre Martin, avec 4 figures par le même; 1 vol. in-18, 2 fr.

Traité médico-gastronomique *sur les indigestions*, suivi d'un essai sur les remèdes... à administrer en pareil cas. Dédié aux gourmands de tous les pays. Ouvrage posthume de feu Dardanus, ancien apothicaire. 1 vol. in-18, avec figures par le même, 2 fr., port 25 cent.

Traité complet sur l'éducation physique et morale des chats, suivi de l'art de guérir les maladies de cet animal domestique; par Catherine Bernard, portière, 1 vol. in-18, 1 fr.

AUTRES OUVRAGES RÉCEMMENT PUBLIÉS.

Le Vignole de poche, ou Mémorial des artistes, des propriétaires et des ouvriers; édition augmentée de plusieurs figures, et d'un *Dictionnaire portatif d'Architecture*, par Urbain Vitry, architecte; 1 vol. in-16, orné de 35 planches : avec le Dictionnaire 5 fr., sans le Dictionnaire 4 fr.; port 50 c.

On vend séparément le *Dictionnaire portatif d'Architecture* et des mots qui en dépendent, tels que ceux de la maçon-

nerie, de la charpenterie, de la menuiserie, de la serrurerie, etc. ; 1 vol. in-16, 2 fr., port 25 c.

Le Propriétaire architecte, contenant des modèles de maisons
de ville et de campagne, de remises, écuries, etc., ainsi
qu'un *Traité d'Architecture et de Construction* ; ouvrage utile
aux entrepreneurs de bâtimens, aux architectes et ingé-
nieurs, et principalement *aux personnes qui veulent diriger
elles-mêmes leurs ouvriers* : par M. Urbain Vitry, architecte.
Cent gravures exécutées par M. Hibon, architecte-graveur,
ajoutent encore à l'utilité de cet excellent Traité.
L'ouvrage a été publié en 4 livraisons de format in-4°. Le
prix des 3 premières est de 8 fr. chacune. La 4e, contenant le
Traité d'Architecture et de Construction, avec 18 pl., 16 fr.

*Traité sur le chauffage des serres et habitations au moyen d'appa-
reils à la vapeur*, traduit de l'anglais de Bayley ; 1 vol. in-8°,
avec 4 gr. planches, dont une coloriée, 5 fr., port 1 fr.

L'art du Tourneur, par M. Paulin Desormeaux ; 2 vol. in-12,
avec un vol. grand in-4° contenant 36 planches, dont
quatre doubles et deux coloriées, 24 fr., port 5 fr.

Principes de l'art du Tour, extraits de l'ouvrage de M. Paulin
Desormeaux ; 1 vol., 6 pl. gr., 3 fr. 50 c., port 1 fr.

Petite Encyclopédie des habitans de la campagne. 2e édition, contenant des instructions élémentaires sur l'univers, le mouvement des astres, les saisons, la physique, la mécanique
et la chimie ; l'histoire naturelle de la terre, de l'air, des
animaux, des plantes ; l'histoire de l'agriculture ; tous les
travaux agricoles et domestiques divisés mois par mois ; par
M. Deslandes ; 1 gros vol., 3 fr., port 1 fr. 30 c.

La maison de Campagne, par madame Aglaé Adanson ; 2 vol.
in-12, fig., 6 fr., port 2 fr.
Cet ouvrage enseigne tout ce qui doit se pratiquer dans
une maison de campagne.

Manuel de la Maîtresse de Maison, par madame Pariset. 3e édition ; 1 vol. in-18, fig., 3 fr., port 50 c.

L'art du Taupier, ou Méthode amusante et infaillible pour
prendre les Taupes, par M. Dralet ; ouvrage publié par
ordre du gouvernement. 14e édition ; 1 vol., fig., 1 fr.

Traité de l'éducation des animaux domestiques, moyens les plus
simples et les plus sûrs de les multiplier, de les entretenir
en santé et d'en tirer le plus d'avantages possibles ; par
M. Thiébaut de Berneaud ; 2 vol. in-12, 10 planches, 7 fr.

Traité des oiseaux de basse-cour; 1 vol., fig., 2 fr. 50 c., port 50 c.

Art d'élever les lapins et d'en tirer un grand profit; 1 vol. 1 fr.

La Cuisinière de la Campagne et de la ville, ou *la Nouvelle Cuisine économique,* précédée d'instructions sur la dissection des viandes à table, et suivie de recettes précieuses pour l'économie domestique, et d'un Traité sur les soins à donner aux caves et aux vins; 9 planches gravées, dont une coloriée. 7ᵉ édition; 1 vol., 3 fr., port 1 fr.

La Charcuterie. Art de saler, fumer, apprêter et cuire le cochon et le sanglier. 2ᵉ édition; 1 vol., 1 fr., port 25 c.

La Pâtissière de la campagne et de la ville, suivie de l'Art de faire le pain-d'épice, les gaufres, oublies, etc.; 1 vol., 1 fr., 50 c.

Art de conserver et d'employer les fruits, de les dessécher et confire, de composer les liqueurs, vins liquoreux artificiels, sirops, glaces, boissons de ménage, etc. 2ᵉ édit.; 1 vol., 1 fr. 50 c., port 30 c.

Les Amusemens de la campagne, contenant : 1° La description de tous les jeux qui peuvent ajouter à l'agrément des jardins, servir dans les fêtes de famille et de village, et répandre la joie dans les fêtes publiques; 2° L'histoire naturelle, les soins qu'exige la volière, l'art d'empailler les animaux; le Jardinage, la Pêche, les diverses Chasses, la Navigation d'agrément; des récréations de Physique, des notions de Géométrie pratique, d'Astronomie, de Gnomonique; des principes de Gymnastique amusante, d'Équitation, de Natation, de Patinage; des leçons sur les arts de la Menuiserie, du Tour, du Dessin, de la Perspective, etc., et généralement tout ce qui peut contribuer à charmer les loisirs de ceux qui habitent la campagne. Recueilli par plusieurs amateurs. 4 vol. in-12, ornés d'un grand nombre de fig., 15 fr., port 5 fr.

Les Pigeons de volière et de colombier, manière d'établir des colombiers et volières; d'élever, soigner les pigeons, etc. 1 vol. in-8°, 25 pigeons en couleur, 12 fr.; fig. noires, 6 fr.; port 1 fr. 50 c.

Traité des oiseaux de chant, des pigeons de volière, du perroquet, du faisan, du cygne et du paon; 1 vol. in-12, 38 fig. d'oiseaux, 3 fr., port 75 c.

Traité des chasses aux piéges, contenant la description de tous les piéges, et la manière de prendre les lièvres et lapins, et les diverses espèces d'oiseaux qui se trouvent en France; par les auteurs du *Pêcheur français,* orné d'un grand nombre de planches; 2 vol. in-8°, 10 fr., port 2 fr.

Traité complet de la chasse au fusil, manière d'élever et d'instruire les chiens de chasse, et de soigner leurs maladies ; principes pour bien tirer, etc.; par une société de chasseurs. 1 gros vol. in-12, 8 planches gravées, 5 fr., port 1 fr. 50 c.

Art de faire à peu de frais les feux d'artifice pour les fêtes de famille. 3e édition ; 1 vol., 10 planches, 1 fr. 80 c.

Cet ouvrage contient aussi la description de l'art de fabriquer le salpêtre et la poudre.

Le Pêcheur français. Traité de la Pêche à la ligne et aux filets; histoire naturelle des Poissons; manière de pêcher ; art de fabriquer les filets; par M. Kresz aîné. Orné de beaucoup de figures ; 1 vol. in-12, 5 fr., port 1 fr.

La Pêche à la ligne, par M. P. Desormeaux, extraite des *Amusemens de la campagne ;* 1 vol., fig., 3 fr., port 75 c.

Le Cabinet d'Histoire Naturelle, formé des productions du pays que l'on habite, avec la méthode de classement, l'art d'empailler les animaux et de conserver les plantes et les insectes. Dédié à M. le baron Cuvier. 2 vol. in-18, fig., 6 fr.

Traité sur la composition et l'ornement des Jardins, avec 97 planches représentant des plans de jardins, des fabriques propres à leur décoration, et des machines pour élever les eaux. 5e édition, entièrement refaite, et augmentée de beaucoup de figures d'après les dessins de M. Auguste Garnerey et autres artistes distingués; 1 vol. in-4°, 20 fr., port 5 fr.

Le bon Jardinier, contenant des principes généraux de culture; l'indication, mois par mois, des travaux à faire dans les Jardins, la Description, l'Histoire et la Culture particulière de toutes les plantes potagères, économiques ou employées dans les arts; de celles propres aux Fourrages; des Arbres fruitiers; des Ognons et plantes à fleurs; des Arbres, Arbrisseaux et Arbustes utiles ou d'agrément ; suivi d'un Vocabulaire des termes de Jardinage et de Botanique, d'un Jardin des Plantes médicinales, et précédé d'une Revue de tout ce qui a paru de nouveau en jardinage pendant le cours de l'année : par A. Poiteau et Vilmorin. 1 très gros vol. in-12 de plus de mille pages, avec figures, 7 fr., port 2 fr. 25 c.

Figures pour le bon Jardinier, représentant, en 51 planches contenant plus de 400 objets, les ustensiles de tous genres employés dans la culture des jardins; manières de marcotter, greffer, former les arbres fruitiers; modèles de châs-